Valentino é um bode que vive com Asha e sua família.

Gabo pode ser um pouco rabugento.

Hal está sempre sorrindo!

Bazeema é a mais quieta das amigas de Asha.

Dario é bondoso e brincalhão.

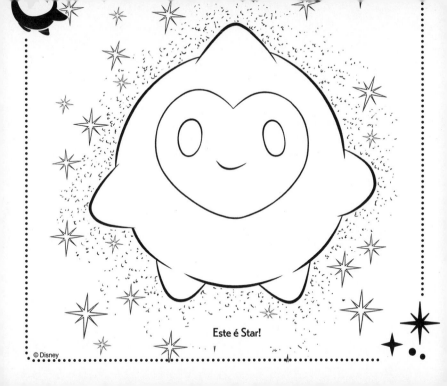

Valentino dá um beijo de bode em Asha.

Asha e seus amigos têm grandes sonhos.

O CAMINHO DE VALENTINO

Valentino adora escalar! Leve-o pelo caminho correto através do labirinto para ajudá-lo a alcançar Asha.

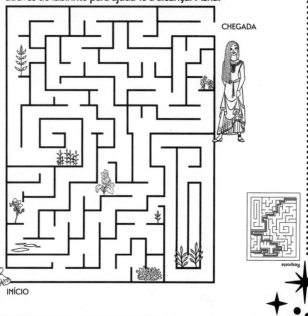

CONHEÇA OS AMIGOS

Você conhece os nomes dos amigos de Asha? Desembaralhe as letras e descubra o nome de cada um deles.

H L A D A I   A O B G   A L H

_ _ _ _ _ _   _ _ _ _   _ _ _

M E B A Z A E   I N O M S

_ _ _ _ _ _ _   _ _ _ _ _

Resposta: Dahlia; Gabo;Hal; Bazeema; Simon.

QUANDO VOCÊ DESEJA...

Ligue os pontos para ver o que caiu do céu para ajudar o povo de Rosas.

Resposta

INGREDIENTES SECRETOS

Você consegue encontrar as cinco diferenças entre as duas imagens para ajudar Dahlia a encontrar todos os ingredientes que ela precisa para o próximo lote de guloseimas? Nem todas as diferenças serão ingredientes.

© Disney

resposta

COMBINAÇÃO MAGNÍFICA

As aparências enganam! Você consegue escolher a sombra que corresponde exatamente à imagem do Rei Magnífico em destaque?

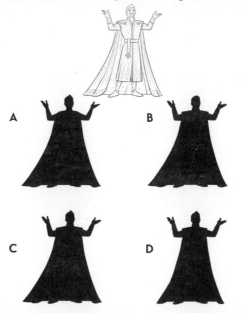